小跳豆 Jumping Bean 幼兒 禮貌 故事系列

在圖書館要有禮

U0114881

新雅文化事業有限公司
www.sunya.com.hk

小跳豆
幼兒禮貌故事系列

跟着跳跳豆和糖糖豆養成良好禮儀！

在幼兒的成長關鍵期，父母不僅要關注他們的腦力發展，更要讓他們養成有禮好習慣。但是，爸爸媽媽如何在愛護孩子的同時，避免養成「小王子」和「小公主」呢？

《小跳豆幼兒禮貌故事系列》共6冊，透過跳跳豆和糖糖豆的日常生活經歷，帶領孩子在不同場合中，包括：在學校時、吃飯時、客人來了時、乘車時、在公園時和在圖書館時，學習保持有禮的態度和適當的行為處事方法，讓孩子從小建立良好的品格。除了言教之外，更重要的是，父母要以身作則，為孩子樹立有禮貌的好榜樣。早上見到孩子應先說「早晨」；讓孩子取東西時，要說「請」、「謝謝」；做得不對時，要說「對不起」……這樣久而久之，孩子就會自自然然養成有禮貌的好習慣。

書後設有「親子小遊戲」，加強孩子的禮貌常識，培養他們正確的待人處事態度。「有禮評分區」讓孩子給自己的日常表現評評分，鼓勵他們自我反思，促進個人成長。

新雅・點讀樂園 升級功能

讓親子閱讀更有趣！

　　本系列屬「新雅點讀樂園」產品之一，若配備新雅點讀筆，爸媽和孩子可以使用全書的點讀和錄音功能，聆聽粵語朗讀故事、粵語講故事和普通話朗讀故事，亦能點選圖中的角色，聆聽對白，生動地演繹出每個故事，讓孩子隨着聲音，進入豐富多彩的故事世界，而且更可錄下爸媽和孩子的聲音來説故事，增添親子閱讀的趣味！

　　「新雅點讀樂園」產品包括語文學習類、親子故事和知識類等圖書，種類豐富，旨在透過聲音和互動功能帶動孩子學習，提升他們的學習動機與趣味！

想了解更多新雅的點讀產品，請瀏覽新雅網頁(www.sunya.com.hk)或掃描右邊的QR code進入 新雅・點讀樂園 。

如何使用新雅點讀筆閱讀故事?

1. 下載本故事系列的點讀筆檔案

1 瀏覽新雅網頁(www.sunya.com.hk) 或掃描右邊的QR code 進入 新雅・點讀樂園 。

2 點選  下載點讀筆檔案 ▶ 。

3 依照下載區的步驟說明,點選及下載《小跳豆幼兒禮貌故事系列》的點讀筆檔案至電腦,並複製至新雅點讀筆的「BOOKS」資料夾內。

2. 啟動點讀功能

開啟點讀筆後,請點選封面右上角的 新雅・點讀樂園 圖示,然後便可翻開書本,點選書本上的故事文字或圖畫,點讀筆便會播放相應的內容。

3. 選擇語言

如想切換播放語言,請點選內頁右上角的 粵 ☆ 普 圖示,當再次點選內頁時,點讀筆便會使用所選的語言播放點選的內容。

4. 播放整個故事

如想播放整個故事，請直接點選以下圖示：

5. 製作獨一無二的點讀故事書

爸媽和孩子可以各自點選以下圖示，錄下自己的聲音來說故事！

1. 先點選圖示上 爸媽錄音 或 孩子錄音 的位置，再點 OK，便可錄音。

2. 完成錄音後，請再次點選 OK，停止錄音。

3. 最後點選 ▶ 的位置，便可播放錄音了！

4. 如想再次錄音，請重複以上步驟。注意每次只保留最後一次的錄音。

爸媽請使用
這個圖示錄音

孩子請使用
這個圖示錄音

星期天早上，
爸爸還沒有起牀，
便聽到有人在叫：
「爸爸快起牀！爸爸快起牀！」

原來是跳跳豆和糖糖豆在叫他。

糖糖豆說：

「爸爸，你答應過我們，

說今天帶我們去圖書館的。」

爸爸笑着說：
「好的。你們到了圖書館，
會安靜地看書嗎？」
跳跳豆和糖糖豆齊聲說：「會！」

在圖書館裏，
有一座座像城堡的圖書架，
跳跳豆和糖糖豆覺得很有趣。
這是他們第一次到圖書館呢！

糖糖豆看完了一本書，
不知道應該把書放在哪裏，
便交給爸爸。
爸爸指向書車，說：
「如果你忘了從哪個書架取下圖書，
可以把書放在書車上，
方便圖書館管理員收拾。」

跳跳豆也找來一本圖書。
他看見書中有很多美麗的圖畫，
便叫糖糖豆來看：
「糖糖豆！糖糖豆！」

糖糖豆正在遠處看書，
聽不到跳跳豆在叫她。

「糖糖豆！糖糖豆！」
跳跳豆大聲叫着。
結果，糖糖豆聽到了，
但四周的小朋友也聽到了。

跳跳豆知道自己吵着別人
是不對的。
此時，爸爸也走過來。
跳跳豆掩着嘴巴，
輕聲地跟爸爸說：
「我不會再在圖書館裏
高聲說話了。」

過了一會兒，爸爸說：
「我們要回家了。」
跳跳豆和糖糖豆拿着喜歡的圖書，
就直接走出圖書館。

爸爸對跳跳豆和糖糖豆說：
「我們要先向借書處的
圖書館管理員辦好借書手續，
才可以把圖書拿回家看啊！」

辦好借書手續後，
跳跳豆和糖糖豆從圖書館管理員
手中接過圖書，
高興地說：「謝謝。」

親子小遊戲

小朋友，看看以下的情境，你會對圖中的小朋友說什麼？
請把代表答案的數字填在 ☐ 內。

1. 請不要在書上胡亂塗鴉。

2. 請把看完的圖書放回書架或書車上。

3. 請保持安靜。

A.

☐

B.

☐

C.

☐

有禮評分區

小朋友，你會遵守圖書館裏的規則嗎？做得到的話，請你把♡填上顏色。然後跟爸爸媽媽說一說，你獲得多少個♡。

保持安靜，不高聲談話。

看書時，不會飲食。

愛護書籍，不塗鴉，不毀壞。

把看完的的書放回原來的書架或書車上。

辦好借書手續後，才把圖書帶回家。

小跳豆幼兒禮貌故事系列

在圖書館要有禮

原著：簡簡

改編：新雅編輯室

繪圖：郝敏棋

責任編輯：趙慧雅

美術設計：鄭雅玲

出版：新雅文化事業有限公司

香港英皇道499號北角工業大廈18樓

電話：(852) 2138 7998

傳真：(852) 2597 4003

網址：http://www.sunya.com.hk

電郵：marketing@sunya.com.hk

發行：香港聯合書刊物流有限公司

香港荃灣德士古道220-248號荃灣工業中心16樓

電話：(852) 2150 2100

傳真：(852) 2407 3062

電郵：info@suplogistics.com.hk

印刷：中華商務彩色印刷有限公司

香港新界大埔汀麗路36號

版次：二〇二一年五月初版

二〇二二年三月第二次印刷

ISBN: 978-962-08-7699-8

© 2021 Sun Ya Publications (HK) Ltd.

18/F, North Point Industrial Building, 499 King's Road, Hong Kong

Published in Hong Kong, China

Printed in China